La Religion dans la musique

Camille Bellaigue

Revue des Deux Mondes, Paris, 1887

© 2024, Camille Bellaigue (domaine public)
Édition : BoD • Books on Demand GmbH, In de
Tarpen 42, 22848 Norderstedt (Allemagne)
Impression : Libri Plureos GmbH, Friedensallee 273,
22763 Hamburg (Allemagne)
ISBN : 978-2-3225-4413-4
Dépôt légal : Août 2024

LA

RELIGION DANS LA

MUSIQUE

I

La musique est l'art moderne par excellence. Née à la fin du XVIIe siècle, elle grandit obscurément pendant le siècle suivant ; le siècle dernier vit son progrès magnifique, et le nôtre est témoin de sa gloire. Après que l'architecture, la sculpture et la peinture, ces rameaux plus précoces du génie humain, avaient donné leurs fruits, il fallait qu'une branche nouvelle jaillît et se chargeât de fleurs. L'éclosion de la musique est récente, et son développement peut sembler presque contemporain à nos yeux, devant lesquels reculent de plus en plus aujourd'hui les horizons de l'histoire, Quelque deux cents ans, quelque cent ans même ont vu la naissance de la musique, et sa renaissance, deux phénomènes entre lesquels les lois de l'esprit mettent d'ordinaire plus de distance. De l'origine à nos jours, en ce peu de temps qu'on dirait avoir compté double, il y a eu positivement formation et transformation de la musique. Elle n'est vraiment faite que par les grands hommes du XVIIIe siècle ; les Bach, les Haendel, les Gluck ; mais presque aussitôt Haydn, Mozart, Beethoven paraissent, et l'art, qui se connaissait à peine, ne se reconnaît déjà plus. Alors son évolution se précipite. Au-dessous de Beethoven, Mendelssohn, Schumann ont été des musiciens de génie. Au théâtre, Weber, Rossini, Meyerbeer, Wagner, pour nommer seulement des morts ; après eux, bien des vivans, que nous étudierons aussi, ont ouvert et suivi de nouveaux chemins. Il est donc permis, à propos du plus jeune des arts, de parler d'anciens et de modernes, et d'essayer entre eux, non pas une querelle oiseuse, mais une comparaison peut-être féconde. C'est ce que nous voudrions tenter ici.

Nous ne prétendons pas, à peine est-il besoin de le dire, entreprendre une revue complète de l'art musical, ancien et moderne. Un tel programme rappellerait trop ce titre : *Dieu, l'Homme et le Monde*, qu'un écrivain trop synthétique avait donné à une brochure de vingt pages. Il suffira d'examiner comment trois sentimens de l'âme humaine, les plus intéressans peut-être au point de vue de l'expression musicale : le sentiment religieux, le sentiment de la nature et le sentiment de l'amour, ont été rendus par des maîtres anciens et modernes, comment la musique, en se modifiant, a suivi les modifications de ces trois sentimens toujours durables, mais toujours changeans.

On comprend qu'au spectacle du monde physique, intellectuel et moral les philosophes aient conçu l'idée de l'évolution, et qu'ils aient dit : le changement est la loi. La nature extérieure, l'esprit et le cœur humain sont dans un perpétuel devenir ; hommes et choses semblent entraînés par un mouvement, par une tendance incessante. Toutes les grandes voies de l'humanité sont faites d'étapes successives et toujours renouvelées ; semées, comme les voies romaines, de pierres où les passans se reposent avant de repartir. Il est des passans qui ne reprennent pas leur chemin, qui tombent pour ne plus se relever. Les civilisations, les religions, les arts peuvent mourir ; mais la civilisation, la religion et l'art ne meurent jamais. Leurs formes passagères s'usent, comme les sandales d'un éternel voyageur ; le voyageur marche toujours. Il sait que la course est longue, mais qu'un jour peut-être il touchera la terre promise.

Le phénomène de l'évolution est aussi frappant dans l'histoire de l'art que dans celle de la science ; les artistes comme les savans soulèvent peu à peu le voile d'Isis. Mais le progrès artistique et le progrès scientifique ne s'accomplissent pas de même. Si l'homme aime le beau et le vrai d'un pareil amour, s'il les poursuit d'une recherche aussi passionnée, il n'a sur l'un et l'autre ni une prise également sûre, ni un domaine également durable. « Il ne faut pas vingt années accomplies, disait La Bruyère, pour voir changer les hommes d'opinions sur les choses les plus sérieuses, comme sur celles qui leur ont paru les plus sûres et les plus vraies. » S'il est des vérités relatives qui durent si peu, la beauté passe plus vite encore, et devant ses variations constantes, on se demande avec amertume, d'elle ou de nous qui change le plus, si c'est elle qui nous manque, ou nous qui la trahissons. Il faut se l'avouer, en dût-on souffrir, le beau, même le plus vivement senti, le plus ardemment aimé, n'est ni absolu ni éternel, comme le vrai logiquement démontré et formellement reconnu. L'amour, hélas ! a des retours, des reprises de soi, que ne connaît pas la conviction. Si la raison ne répudie jamais un axiome, le cœur se refroidit pour plus d'un chef-d'œuvre, et le savant, mais non l'artiste, oserait dire avec Jésus : « Mes paroles ne passeront pas. »

Cette mobilité, cet éternel renouveau de l'idéal esthétique donne aux études d'art, surtout aux études rétrospectives, une certaine mélancolie. Hélas ! que de chemins à remonter, déjà bordés de tombeaux ! Que d'œuvres fêtées par un siècle, oubliées par le siècle suivant ! Entre deux générations, des foyers s'éteignent, des sources tarissent. Que dis-je ? Notre propre cœur a battu jadis, hier même, là où il ne battra plus demain. Ayons des larmes pour les choses qui meurent comme les êtres. Il y a des choses véritablement mortes au fond de notre âme, et sur leurs restes indifférens, nous ne jetons plus de fleurs.

Mais le progrès incessant et la perpétuité de l'art nous consolent de ses métamorphoses, voire de ses ruines ; il faut construire avec des débris, et que la vie sorte de la mort. Toutes deux se rencontrent au cours d'une étude comme celle-ci. L'on y trouve des astres éteints, frères de ces vieilles lunes qu'Henri Heine disait reléguées dans une céleste armoire, mais on y voit aussi des astres à leur zénith, d'autres à leur aurore. On y peut comparer des œuvres fanées et des œuvres à peine écloses, saluer avec respect de vieilles idées, avec amour des pensées fraîches et vierges ; évoquer le passé, regarder le présent, deviner l'avenir. Assez de beautés survivent, assez naîtront encore après les beautés mortes. Rattachons-les toutes ensemble ; renouons ce collier, dont par bonheur une perle ne tombe guère sans qu'une autre la remplace. Des fantômes adorés se sont évanouis ; ceux qu'on adore aujourd'hui s'évanouiront sans doute. Qu'importe, si tant que l'on dure soi-même, on garde au moins l'illusion bienfaisante de leur immortalité ?

Au point de vue chronologique, il est malaisé de fixer rigoureusement la fin d'une époque ancienne et le commencement d'une ère nouvelle. Phénomènes intellectuels et moraux obéissent avec les autres à la loi des transitions, et dans l'esprit de l'homme comme sur sa tête, ni la nuit ni le jour ne se font tout d'un coup. Des musiciens classiques ont eu sur les horizons futurs de singulières visions ; d'autres, parmi les modernes, se sont retournés en arrière. Comme l'avenir a ses précurseurs, le passé garde ses fidèles, et, par de tels intermédiaires, les extrêmes se touchent et les dissidens se réconcilient.

Mais, sous l'action lente du progrès, la musique s'est profondément transformée. Aucun art n'a subi plus radicale métamorphose. Une toile de Raphaël, ou de Rembrandt, un marbre de Michel-Ange, de Phidias même, surgissant tout à coup, nous étonnerait moins aujourd'hui ! qu'une cantate de Bach ou un opéra de Haendel. Un exemple fort rare, unique dans notre souvenir, pourra, mieux que toute théorie, éclairer le chemin parcouru : c'est l'*Ave Maria* composé par Gounod sur le premier prélude de Bach. Qui donc, et nous écartons ici tout parallèle, qui donc, sans l'inspiration fortuite et très heureuse du maître contemporain, eût jamais rapproché ces deux noms ? Entre l'auteur du *Clavecin bien tempéré* et l'auteur de *Roméo et Juliette*, fût-ce entre l'auteur de *la Passion selon saint Mathieu* et celui de *Rédemption*, qui donc n'a le sentiment d'une distance infinie ? Qui n'irait presque jusqu'à se demander s'il existe entre les deux musiciens autre chose de commun que les sept notes de la gamme ? Jamais une œuvre n'accusa comme cet *Ave Maria* la dualité de ses auteurs.

Le prélude de Bach, on le sait, n'est qu'une suite d'accords arpégés, très simples, déduits les uns des autres par séries harmonieuses. Le grand charme du morceau tient à l'égalité des valeurs, à la régularité du rythme ; mais dépensée, il ne s'en trouve guère de passion, moins encore. Il manque là quelque chose, et toute oreille moderne le sentira. Ce qui manquait, Gounod l'a mis. Sur la nudité de ces arpèges, auxquels le timbre du piano donne encore quelque sécheresse, il a posé un chant vibrant, plein d'élan et de chaleur. Quand la phrase s'élève, quand elle échauffe l'accompagnement austère, on croit avoir, après une *Madone* de Van Eyck, une *Assomption* de Rubens. C'était l'esprit des temps passés, voici l'âme des temps nouveaux. L'élément intellectuel, intéressant, persiste ; mais, l'élément passionnel, émouvant, s'y ajoute. Il ne s'y mêle point ; car cette collaboration singulière amène moins la fusion que la juxtaposition des deux pensées. Elles cheminent l'une à côté de l'autre, voisines, mais distinctes. Ainsi l'Arve et le Rhône, après leur réunion, coulent un instant sans se confondre. L'un roule ses flots pâles, encore attristés de l'ombre des vallées étroites ; mais l'autre a déjà purifié ses ondes ; il a traversé le grand lac bleu, il a réfléchi, le ciel, et pris à tous deux un peu de leur joie et de leur azur. D'autres exemples seraient superflus. On sait qu'une page religieuse de Mendelssohn ne ressemble pas à une page de Bach ; qu'à leur tour Rossini, Verdi, n'ont pas compris la musique sacrée comme Mendelssohn, et qu'enfin M. Massenet ne l'a pas traitée non plus dans l'esprit du passé. De même la musique descriptive de Félicien David laisse une tout autre impression que celle de Beethoven, et l'éternel duo de l'amour a très différemment inspiré Mozart, Meyerbeer et Gounod.

Bien entendu, ce n'est pas dans la valeur, mais dans le sentiment d'œuvres un peu disparates, que nous signalons des nuances et plus que des nuances ; mais, toute question de hiérarchie écartée, il est certain que la musique moderne, ou relativement telle, pourvu qu'elle ait quelque mérite, nous touche plus vite et plus profondément que l'autre. La majorité du public est plus émue par *le Requiem* de Mozart ou par celui de Verdi que par *la Passion* ou *le Messie* ; par *le Freischütz* que par *les Saisons*, par *les Huguenots* ou *Faust* plus que par *Armide* ou *Fidelio*. D'où vient aux derniers venus cet accès plus facile auprès de nous, sinon d'une loi naturelle qui veut que l'on soit de son temps, et que les âges voisins fussent les âmes pareilles ? Il faut, pour comprendre et goûter les anciens, un effort que n'exige pas l'intelligence presque intuitive des contemporains. Nos habitudes modifiées, nos tendances différentes ou contraires nous font moins hospitaliers aux idées d'autrefois. Le génie seul force notre accueil, et cela, parce que le plus souvent il n'est qu'une divination de l'avenir, et fait au-devant de nous presque tout le chemin. Les beautés hors ligne sont de tous les temps, et du leur et du nôtre ; en avant de leur siècle, elles attendent les siècles suivans. Mais la beauté moindre, pour ainsi dire courante, vieillit vite, et, vieille, veut des égards, presque des concessions. A nous d'aller au-devant d'elle ; à nous, sauf à nous courber un peu, de nous placer à son point de vue, d'incliner nos goûts, d'assouplir notre critique. Tous ces petits sacrifices coûtent à notre personnalité. L'esprit comme le cœur a son égoïsme ; à lui aussi, dirait Fénelon, répugne la désappropriation.

Entre la musique d'autrefois et celle d'aujourd'hui, quelle est donc la différence ? Au seuil de cette étude, peut-elle être définie d'un mot, aperçue d'un regard ? Non. Elle ne deviendra que peu à peu sensible par l'analyse des œuvres successives. Nous suivrons une ligne qui fuit comme celle des eaux. Devant le passager, les vagues succèdent aux vagues et l'horizon toujours se dérobe ; mais un jour, on aborde enfin à de nouveaux rivages, et l'on s'aperçoit que la mer est traversée.

II

L'idée religieuse occupe dans l'esprit de l'homme, et, par suite, dans ses manifestations artistiques, une des premières places, la première peut-être par ordre d'ancienneté. L'art est presque toujours religieux à son origine ; il le demeure parfois dans sa maturité, et ce serait assez d'un temple et d'une cathédrale, du marbre d'une déesse et d'une image de madone pour témoigner du génie humain. Les relations de l'homme avec Dieu, diversement comprises par les religions qui passent, mais toujours nécessaires à notre religiosité qui demeure, sont pour l'artiste un thème éternellement fécond. Les moins croyans eux-mêmes gardent un certain goût du divin. L'art est de nature plus religieuse que la science ; on croit et l'on aime par sentiment plus que par raison. Dieu garde ou reprend les âmes moins par la vérité que par la beauté, et ce n'est pas un philosophe, mais un artiste, qui laissait au sommet d'une montagne ce témoignage anonyme d'enthousiasme et de foi : « Grand Dieu ! que les œuvres sont belles ! »

La musique, autant que les autres arts, devait chercher à rendre le sentiment religieux ; mieux que tout autre, l'architecture peut-être exceptée, elle y pouvait réussir. L'inépuisable variété dans la combinaison des sons comme dans celle des lignes, et l'élément mathématique de la musique ou de l'architecture éveillent aisément en nous les pensées de métaphysique religieuse. Dieu infini nous sera plus sensible sous les voûtes de Notre-Dame ou dans un chœur de Palestrina que sous les traits encore trop humains du vieillard de la Sixtine. L'architecture et la musique surtout, le plus immatériel des arts, échappent en matière religieuse à l'anthropomorphisme dont la peinture et la sculpture ne peuvent se défendre : anthropomorphisme que les grands artistes savent élever jusqu'au sublime, mais dont les dieux païens, très matériels, très voisins de l'humanité, s'accommodaient mieux que notre Dieu à nous. Satisfaite de ses dogmes concrets, étrangère à tout mysticisme, l'âme antique ignora les abstractions et les rêves familiers à l'âme chrétienne. De là, chez les anciens, prédominance des arts plastiques, et prédominance dans ces arts mêmes de beautés assorties au caractère de la race : la proportion, la mesure. Le christianisme a déplacé l'équilibre humain, et la musique devait singulièrement s'accorder avec lui. Seule, elle peut remplir les espaces infinis qu'une lumière nouvelle a éclairés dans notre âme ; exprimer dans son langage, à la fois le plus vague et le plus puissant de tous, des aspirations indéterminées, qui peut-être sans son aide s'ignoreraient toujours elles-mêmes.

Merveilleusement appropriée à l'idéalisme chrétien, la musique ne l'est pas moins à la gravité, à la tristesse des croyances nouvelles. Aucun art ne sait être aussi touchant que la musique, et le christianisme est touchant et douloureux. Il a répudié les doctrines de la volupté, de la vie à outrance, pour celles de la souffrance et de la mort. Heureux ceux qui pleurent, dit une de ses plus étranges maximes, et son dogme fondamental, son plus étonnant mystère est le martyre d'un Dieu ! Toute œuvre de musique sacrée porte un titre sombre : c'est le *Stabat Mater*, le *Requiem*, c'est la *Messe* elle-même, souvenir d'un auguste sacrifice. Voilà les offices chrétiens, et la musique aime toutes ces plaintes. Palestrina, puis les compositeurs italiens du XVIIe siècle ; après eux, Pergolèse avec son *Stabat*, Haydn avec *les Sept Paroles*, Mozart avec *le Requiem*, ont été de grands maîtres religieux. De nos jours, le *Stabat* de Rossini, le *Requiem* de Verdi, sont des œuvres de premier ordre. En dehors de la liturgie, dans la traduction ou l'imitation des livres saints, la musique a pris des sujets d'oratorios ou de drames sacrés : la *Passion* de Bach, le *Messie* de Haendel, le *Paulus* de Mendelssohn ou son *Elie* ; plus près de nous, *l'Enfance du Christ* de Berlioz ; plus près, la *Marie-Magdeleine* de M. Massenet. Enfin, l'idée religieuse a donné au théâtre quelques-unes de ses plus glorieuses scènes : *la Juive, Robert le Diable, les Huguenots, le Prophète, Parsifal*, en rendront témoignage.

Si l'on pouvait d'un trait caractériser l'évolution de la musique religieuse, il faudrait dire que cette évolution a été surtout dramatique. L'art musical abandonne de plus en plus l'église pour le théâtre ; parfois même (on l'a dit à propos de Rossini et de Verdi), il transporte le théâtre à l'église. Mérite-t-il pour cela le reproche d'impiété et de sacrilège ? Faut-il s'indigner, s'étonner même si la musique cherche une forme saisissante pour rendre le sentiment, parfois la passion religieuse, ou pour traduire des scènes sacrées ? Est-il rien de plus dramatique que notre destinée, telle que le christianisme l'a faite, rien de plus dramatique que certains récits des livres saints ? Quel respect malentendu commande qu'on étouffe sous des formules hiératiques l'office des morts ou la Passion de Jésus ? Faut-il couper les ailes à la prière ; et l'amour, parce qu'il est divin, n'est-il plus l'amour ? Le temps des symboles est passé. Le Seigneur a depuis longtemps rejeté la fumée des anciens sacrifices, et c'est de son sang que le Christ a rougi la terre. S'il nous appelle à lui, nous qui pleurons, nous pouvons à ses pieds verser de vraies larmes, et le Dieu qui s'est fait semblable à nous ne veut plus ni des oraisons banales, ni des hommages indifférens.

III

Le premier par le temps, et peut-être par le génie, des musiciens d'église, est Palestrina. Il parut à l'époque où mouraient les derniers enfans de la renaissance, dans ces années indécises, où s'achevait la genèse de l'esprit nouveau :

Siècle mystérieux, où la science sombre
De l'antique dédale agonisait dans l'ombre ;
Tandis qu'à l'autre bout de l'horizon confus,
Entre Tasse et Luther, ces deux chênes touffus,
Sereine, et blanchissant de sa lumière pure
Ton dôme merveilleux, ô sainte architecture !
Dans ce ciel qu'Albert Dure admirait à l'écart,
La musique montait, cette lune de l'art.

Ainsi parle le poète des *Rayons et des Ombres*. C'est bien, comme il le dit, du XVIe siècle, et de Palestrina, le grand maître pieux, que date la musique. Mais Victor Hugo, qui n'aimait pas la musique, et ne la savait guère, jugeait assez mal Palestrina. Il en faisait un génie trop soucieux du monde extérieur, trop curieux et trop épris de la nature, ouvrant son âme

Alors que le printemps
Trempe la berge en fleurs dans l'eau des clairs étangs,
Que le lierre remonte aux branches favorites,
Que l'herbe aux boutons d'or mêle les marguerites.

Cette note romantique détonne ici comme un anachronisme. L'auteur de la messe du pape Marcel ne cherchait son inspiration que dans le sentiment religieux ; elle vient de Dieu seul et ne conduit qu'à Dieu. Il y a même une certaine dissonance entre la musique de Palestrina et son époque. Le siècle alors n'était rien moins qu'ascétique. Le mouvement de la renaissance, précipité par les papes, les avait un peu entraînés : lettrés et dilettantes, le Dieu qu'ils représentaient n'était plus le Dieu des pauvres, même des pauvres d'esprit. Benvenuto ne pouvait orner de pierres assez précieuses la tiare d'un Médicis. Les murs du Vatican se couvraient de chefs-d'œuvre indifféremment profanes ou pieux. La cour pontificale se plaisait aux festins, aux comédies ; l'esprit du monde soufflait sur la cité, même sur la maison de Dieu. Contre cette mondanité la musique protesta seule, et fut l'asile du sentiment religieux.

Elle en fut la perte, affirment au contraire des critiques puritains, et M. Félix Clément, dans son *Histoire de la musique religieuse*, accuse Palestrina d'avoir, en cherchant l'art pour l'art, détruit la piété dans le cœur des fidèles. Autant vaudrait traiter Giotto de mécréant et de libertin. Il ne faut pas, même en art, confondre les conventions avec les convenances, et pour que la musique ne scandalise pas, il n'est point nécessaire qu'elle endorme. Mendelssohn le savait bien, et c'est lui, le compositeur d'*Élie* et de *Paulus*, peu suspect d'impiété, même en musique, c'est lui qui réclamait pour les Grâces l'accès de la maison de Dieu.

Non, Palestrina ne fut pas un musicien de salon, et les plus saintes oreilles peuvent l'écouter. Par malheur l'occasion est rare, depuis surtout que les voûtes sixtines sont muettes. Pour le public ordinaire, même pour nombre de musiciens, Palestrina n'est plus qu'un dieu caché, et ses fidèles en sont réduits à l'adorer de loin. Il faut, pour qu'il vous soit révélé, traverser par hasard une sérieuse ville d'Allemagne, entrer un dimanche de Pentecôte dans le vieux dôme d'Aix-la-Chapelle. On commence la messe, et pour peu que vous regardiez autour de vous, le sacristain vous conduit dans l'orgue. Une trentaine d'enfans y entourent un vieux prêtre à lunettes, attentifs comme les petites Vénitiennes, les camarades de Consuelo, sous le bâton de Porpora. Votre guide vous demande négligemment, d'un ton à peine dubitatif, si vous connaissez « la sixième de Palestrina, » et la voilà aussitôt qui commence, cette fameuse sixième messe, que vous ne connaissiez pas. Alors, fussiez-vous incrédule, si l'émotion religieuse ne descend pas en vous, il vous manque, avec la foi, jusqu'au sentiment esthétique des choses divines. Malgré les anathèmes de M. Clément, si Dieu n'est pas dans cette musique-là, il est absent de toute musique, et de l'art tout entier, des fresques de fra Angelico et des cathédrales gothiques. Nous l'avons entendue, la messe de Palestrina dans l'église allemande, et nous ne l'oublierons pas. Dédaigneuses de tout secours instrumental, les voix montaient, solitaires et libres, mais si serrées, si unies, que les pierres mêmes semblaient chanter : *Lapides clamabant.* On eût dit que toute la vieille église priait par la bouche de ses petits enfans. Les notes cheminaient gravement, se superposaient les unes aux autres, ourdissant la trame magnifique des harmonies. Ce n'était pas un chant, une mélodie au sens habituel, moins encore au sens italien du mot, mais des séries, des enlacemens d'accords, sublimes dans leur nudité austère. On ne savait plus, tant la psalmodie était lente, ce que disaient les voix, ni quel mystère elles célébraient. Cette musique n'évoquait pas les visions précises, mais un peu humaines, que nous donne la peinture ; elle avait un bien autre pouvoir, et l'idée religieuse s'imposait à nous par elle, impersonnelle, abstraite, mais forte de son abstraction même et de son impersonnalité.

Longtemps, presque jusqu'au début de notre siècle, l'Italie, depuis si légère, garda le style sacré, et c'est un bonnet d'enfant de chœur que Rossini jeta si haut qu'on ne le retrouva plus. Mais, de l'œuvre amoncelée par les successeurs de Palestrina dans les archives du Vatican et ailleurs, que s'est-il conservé ? Qu'est devenu, depuis la fermeture de la chapelle papale, le fameux *Miserere* d'Allegri, que le petit Mozart avait eu une seule audition retenu par cœur ? Que reste-t-il, hélas ! des maîtrises, des *scuole* de Venise ou de Naples, et des hymnes austères qui s'élevaient sous des cieux enchantés ? On cite bien le psaume de Marcello, l'air de Stradella, et ces deux reliques suffisent à la gloire des deux maîtres. Mais de Porpora, de Durante, de Jomelli, l'on ne se nourrit plus guère ; quant à Galuppi, Carissimi, Frescobaldi, Abbattini et autres, leurs noms ne servent qu'à donner une apparence érudite aux nomenclatures des historiens. Si par hasard un de ces beaux airs à demi oubliés se glisse à notre oreille, laissons-nous reprendre une heure par le prestige mélancolique des choses passées ; mais contentons-nous d'une première larme et ne tournons pas le feuillet jauni. Les échos depuis longtemps abandonnés sont maussades et trop souvent ne répondent plus.

Les plus vieux cependant restent parfois les plus fidèles, et Bach, plus jeune d'un siècle et demi, nous touche moins que Palestrina. Peut-être nous étonne-t-il davantage. La *Passion selon saint Matthieu* a été mise tout entière par le prodigieux organiste de Leipzig en fugues, récitatifs, airs, chœurs, doubles chœurs, avec accompagnement d'orchestre et d'orgue. Une voix seule déclame le texte. Elle chante, par exemple : « Lorsque Jésus eut achevé ce discours, il dit à ses disciples : Vous savez que la Pâque se fera dans deux jours. » — Ici, courte prière en forme de petit choral. — Reprise du récit : « Alors les princes des prêtres se réunirent et dirent : Que ce ne soit point durant la fête » (chœur). Après un certain nombre de ces récits et de ces chœurs, interviennent, pour prier Jésus ou pour le plaindre, les fidèles eux-mêmes, auditoire supposé de l'évangéliste. Une œuvre de cette nature est déjà un peu plus dramatique que des œuvres purement liturgiques : antiennes, psaumes ou motets ; mais elle garde encore à demi le caractère de l'office et de l'oraison en commun. La tradition a respecté jusqu'à nos jours cette forme classique de l'oratorio. M.

Massenet le premier s'en est écarté dans sa *Marie-Magdeleine*, véritable drame sacré, tout en action et sans récits, que certains scrupules empêchent seuls de représenter.

Devant la *Passion* de Bach comme toujours devant le maître d'Eisenach, on éprouve une sorte de crainte révérencielle. Du haut de cette œuvre, autant de siècles déjà semblent nous regarder que du haut de la pyramide égyptienne. Comme celle-ci, la *Passion* est colossale. Sous le revêtement qui s'écaille, sous l'instrumentation vieillie et les formules usées, ressortent encore les assises énormes, les degrés trop hauts pour nous et l'ossature prodigieuse. Ne fût-ce que par sa masse, une œuvre pareille vivra ; peut-être sur des ruines plus touchantes que sa propre durée, mais elle vivra, et, vint-elle à s'écrouler, un de ses débris suffirait encore à témoigner d'elle, et presque à la reconstituer. En elle, tout se tient et se commande comme dans une figure géométrique. Les idées y ont une rectitude linéaire ; les développemens y ressemblent à des progressions mathématiques ; rien n'y cède à la fantaisie, à l'heureux caprice du génie ailé. L'imagination, ou plutôt l'invention de Bach, une des plus étonnantes qui furent jamais, est surtout scientifique, apte aux combinaisons innombrables des sons plus qu'à la représentation par eux des pensées et des sentimens. Le génie musical de Bach est le moins pittoresque et le moins plastique possible ; diamétralement opposé, par exemple, au génie d'un Rubens. Il amène rarement en nous des perceptions auditives aussi claires que des visions ; il n'a pas l'imagination, en tant que faculté créatrice d'images, et tout à l'heure c'est l'étymologie même du mot qui nous faisait hésiter à l'écrire.

Mais il fallait que cet homme naquit pour rompre la musique aux travaux qui devaient l'assouplir. Il fallait ce précurseur austère, cet âpre mangeur de sauterelles, pour que Mozart eût du miel sur les lèvres. Bach est la base de l'édifice. Sans lui, la musique se bâtissait sur le sable. Sur le sable bâtissent encore les compositeurs qui ne le connaissent pas. On peut ne point l'aimer, comme la grammaire ; mais on n'écrit pas sans lui. Vous donneriez, et moi de même, tout le *Clavecin bien tempéré* pour les adagios de Mozart et de Beethoven ; mais sans l'un vous n'auriez pas les autres, et vous ne les jouerez bien, eux, que si vous l'avez bien joué, lui. Le *Clavecin bien tempéré*, c'est l'exercice par excellence du piano ; ainsi l'œuvre de Bach est l'exercice de la musique entière. L'art musical s'est fait sur le clavier de son orgue.

Voilà ce qu'il faut se dire en relisant la Passion, et se dire souvent pour la relire tout entière. Le chœur d'introduction est peut-être le plus caractéristique et le plus rébarbatif de tous. Les filles de Sion et les fidèles s'invitent réciproquement à déplorer la mort du Christ : tout l'univers chrétien prie et pleure. A l'entrée de l'oratorio, ce double chœur se dresse comme les deux tours d'une église, tours mobiles et vivantes, qui n'ont jamais de brèches à réparer. Jamais ces harmonies compactes ne se désagrègent ; les deux masses musicales évoluent tout d'une pièce ; elles se rapprochent, se heurtent même, sans se confondre ni s'entamer. De telles pages abondent chez Bach ; elles étonnent, et, faut-il l'avouer ? à la longue elles ennuient. Au cœur de l'oratorio, comme au cœur de la pyramide, étroit est l'espace où l'on respire, et l'on y croit sentir encore l'effrayante pesée de pierre. Un des pires défauts de l'œuvre est la monotonie. Chœurs, airs se succèdent, éternellement pareils, sans une variante de rythme ou d'harmonie, sans une cadence imprévue. Que les disciples chantent, ou les princes des prêtres, tous emploient le même style, les mêmes fugues. L'évangéliste récitant et Jésus même usent d'un récitatif insipide, coupé d'accords secs, indifférent aux situations poétiques ou douloureuses. Ah ! les divins tableaux de l'Évangile, qu'en a fait cette musique froide et parfois brutale ? Qu'a-t-elle fait de la Cène eucharistique et de l'onction de Jésus par Marie de Magdala ? « Sur quels pieds tombez-vous, parfums de Madeleine ! » Bach est fort ; il est grand, immense même, mais un peu comme l'Océan, que les Grecs appelaient stérile. Le musicien de la *Passion* avait la foi, puisqu'il remuait de pareilles montagnes, mais il n'avait pas l'amour. Son œuvre est une œuvre de science plutôt qu'une œuvre d'art, parce qu'elle manque de charme, et, comme l'a dit excellemment ici M. Brunetière, quelque sujet que l'on traite, s'il n'y a pas de charme, il n'y a pas d'art.

On peut s'expliquer le génie de Bach et la nature de son œuvre par l'esprit de son temps. L'Allemagne protestante, austère, à laquelle Méphistophélès n'avait pas encore jeté ses troublantes apostrophes, croyait alors de toute son âme. Le siècle de Bach ne voyait de la foi que le fond dogmatique, absolu, sans en rechercher comme notre époque, plus curieuse que croyante, les dehors pittoresques ou poétiques. Dès lors que pouvaient importer au musicien les épisodes humains, les côtés un peu extérieurs du grand mystère ? En écrivant, Bach faisait œuvre de chrétien au moins autant que d'artiste, comme ces vieux imagiers que furent les peintres primitifs. Bach est un primitif de la musique, de cet art un peu tardif que, depuis des siècles déjà, les autres arts avaient dépassé. Cherchez dans la peinture une interprétation illustre, et déjà ancienne, du supplice de Jésus : la *Descente de croix* de Rubens. À côté de la *Passion* de Bach, elle semble d'hier. Rappelez-vous, avec Fromentin, qui l'a merveilleusement expliquée, l'admirable toile d'Anvers, ce chef-d'œuvre à la fois religieux et dramatique, plein de piété divine et de pitié humaine. Rappelez-vous des détails touchans et tout modernes ; entre autres, le contact léger du pied décoloré de Jésus avec l'épaule une de Madeleine. « Il eût été profane d'y insister ; il eût été cruel de ne pas y faire croire. Toute la sensibilité furtive de Rubens est dans ce contact imperceptible qui dit tant de choses, les respecte toutes, et attendrit[1]. » Bach ne pouvait avoir de ces notes-là ; elles ne devaient pas, en musique jaillir sitôt de l'âme humaine.

Contemporain de Bach, Haendel est cependant un peu plus voisin de nous ; on croirait qu'il y a plus de douze ans entre la *Passion* et *le Messie*. L'oratorio de Haendel est moins touffu ; l'air et la lumière y abondent. *Le Messie* est comme une rhapsodie à demi biblique, à demi évangélique, où parlent les prophètes, où le Christ promis par eux nait et meurt, où les fidèles confessent leur foi. En dépit de certaines longueurs, de certaines lourdeurs aussi, malgré la vieillesse de plus d'une forme devenue formule, *le Messie* laisse une autre impression que la *Passion*. Haendel apparaît comme un génie plus simple que Bach ; il a moins que lui le besoin de la complication et de la surcharge ; il sait et il aime conduire à moins de quatre chevaux. Dès l'introduction, nous nous sentons plus au large. « Consolez, consolez mon peuple, a dit le Seigneur à Isaïe. Criez à Sion que son iniquité est expiée, et qu'elle a reçu de l'Éternel au double de tous ses péchés. » Ce premier récit de ténor a l'ampleur particulière à Haendel ; la déclamation en est expressive et dramatique. Le maître, on le voit déjà, ne s'est pas, ainsi que Bach, enfermé dans une église luthérienne ; il a jeté un regard sur le monde ; il n'ignore pas toute passion humaine, il devine comment crie une âme vers Dieu ou vers les créatures, et de sa bouche un jour le célèbre *Lascia ch'io pianga*, cette plainte farouche, saura s'exhaler.

Les récitatifs prennent plus d'intérêt et de caractère ; celui qui précède le premier air de basse, bien que trop fourni de vocalises dans le vide, est vigoureux et conclut avec crânerie. Un souffle d'héroïsme passait parfois sur le front de Haendel, ce front d'où jaillit l'hymne des Macchabées. Le vieux maître est le premier musicien d'Israël, le premier grand interprète de la Bible. Sa puissance éclate surtout dans un air admirable : *Du haut de la montagne, il éleva la voix.* Ainsi chantaient sur les sommets les vieillards de Michel-Ange ; ainsi leurs oracles tombaient sur les plaines attentives, du haut des cimes visitées de Jéhovah. Oui, les prophètes devaient clamer ainsi, et l'art ne prêta jamais plus grandiose figure ni langage plus magnifique à ces devins sacrés, à « ces étonnans publicistes, » comme les appelle M. Renan, plus étonnant lui-même.

A la force de Bach, Haendel ajoute quelque grâce. Sa naïve pastorale de Noël est un sourire d'enfant : *Incipe, parve puer…* Même charme dans plus d'un aimable cantique, où le musicien pourrait dire de lui-même ce qu'il dit du Seigneur avec une douceur infinie : *Sa chaîne est légère, son joug n'est pas lourd.* Il allège le style de son grand devancier ; il entr'ouvre la fenêtre, que Haydn et Mozart ouvriront bientôt toute grande. De cette fenêtre il voit un peu de nature, un peu d'horizon, et quand les anges annoncent la Nativité, leur simple récit de quelques mesures frissonne au vent de la nuit.

Toutefois, Haendel parle rarement à voix basse ; il possède surtout l'éclat et l'énergie, la griffe du lion de Juda. L'Évangile n'a point amolli dans son âme la vigueur un peu rude de l'Ancien-Testament, et le génie biblique domine ses plus chrétiennes inspirations. Dans un *Credo* triomphal qui ouvre la troisième partie du *Messie*, l'idée religieuse est affirmée, jetée aux quatre coins du monde avec une hardiesse, une sûreté de foi victorieuses ; la cadence habituelle, trop habituelle même à la phrase du maître, se relève ici d'un essor inattendu, puis redescend, noble comme l'aigle, qui même en se posant donne encore de grands coups d'aile. Le chœur : *Frères, c'est pour nous qu'il donne sa vie*, est le *mea culpa* de toute l'humanité ; le *lamento* suivant : *Pleurez, cœurs fidèles*, dont la terminaison nous semble encore nouvelle aujourd'hui, n'a pas d'égal dans *la Passion*. Le célèbre *Alléluia* n'a d'égal nulle part ; c'est le cantique universel, catholique au vrai sens du mot. Les cris presque hurlés en des tonalités toujours plus retentissantes, la progression des voix de femmes éclatant par-dessus les autres, les fanfares de trompettes, tout cela fait de cette vocifération sacrée l'hymne de l'univers emporté vers Dieu par quelque assomption gigantesque.

« Celui-là est le père de tous, » disait Haydn de Haendel. L'auteur des *Sept Paroles* pouvait retrouver sur son œuvre quelque reflet du *Messie*, cette lumière pure, encore un peu pâle, un peu froide, de l'époque primitive. L'oratorio de Haydn comprend sept adagios, sept grandes prières, paraphrasant chacune une plainte du Christ en croix. L'ordonnance des morceaux est majestueuse ; le style en est toujours noble, mais leur succession est monotone, et l'allégro final, le *terremoto*, rompt trop tard l'uniformité rythmique de l'ensemble. Il faut pourtant signaler, au courant de l'ouvrage, de sérieuses beautés : la seconde parole : *Hodic mecum eris in paradiso*, dont le commentaire musical égale presque la brève et magnifique analyse de Bossuet : « Aujourd'hui, quelle promptitude ! Avec moi, quelle compagnie ! Dans le paradis, quel repos ! » — La troisième parole : *Mulier, ecce filius tuus*, est belle aussi ; mais l'introduction surtout mérite un éloge spécial. Elle est écrite dans un style dégagé, libre de fugue et de contrepoint, que ne connaissaient pas les devanciers de Haydn. Pour la première fois, l'idée brise les entraves scolastiques, et la loi plus libérale de la forme, après la tyrannie de la formule, se fait douce à l'esprit nouveau.

Nous le verrons sourdre mystérieusement, cet esprit de vie, dans les œuvres qui, désormais, viennent à nous. De l'âme de celui qu'on appelle maintenant le vieux Haydn, de cette âme qui fut si jeune et si féconde, où fermentaient tant de germes épanouis aujourd'hui, de cette âme a jailli le beau duo de *la Création*. Nous reviendrons, en étudiant la nature dans la musique, à l'ensemble de l'œuvre ; mais le début de la troisième partie, cette première prière des deux premiers êtres humains, ne saurait attendre les éloges. Elle les mérite tous, ceux de Stendhal exceptés. À ce propos, il est bon de dire en passant, pour ceux qui l'admirent à outrance, que le père du réalisme fut un pauvre critique. N'a-t-il pas écrit « que le caractère de la musique instrumentale de Haydn est d'être pleine d'une imagination romantique. C'est en vain qu'on y chercherait la mesure racinienne ; c'est plutôt l'Arioste ou Shakspeare. » — Rien de plus calme, au contraire, que le prélude instrumental par lequel s'ouvre la dernière partie de *la Création* ; rien de plus serein que le récit d'Uriel. Le duo qui suit, entre Adam et Eve, n'est que religieux, vierge encore de toute passion humaine. C'est un chaste remercîment pour le bienfait de la vie, de cette vie répandue avec le souffle divin sur deux âmes idéalement pures, sur deux corps idéalement beaux. Aussi pure, aussi belle, cette page est écrite dans le plus simple des tons, sans une modulation cherchée, sans une dissonance, seulement avec des notes qui s'aiment. Elle a la même fraîcheur de jeunesse et d'innocence que les lèvres de la femme attendant le premier baiser.

La femme ! voici qu'elle apparaît pour la première fois dans la musique religieuse, et nous l'y trouverons sous les types adorables et divers que lui donne le christianisme : Eve, Madeleine, Marie. Pergolèse a chanté plus éloquemment que tout autre les douleurs maternelles de la Vierge. Écrit pour soprano et contralto, *le Stabat* emprunte à l'emploi de ces deux voix seules un caractère particulier de tendresse. « Harmonie ! harmonie ! s'écriait Musset, qui nous vins d'Italie et qui lui vins des cieux ! » On comprend ici cet élan vers la vieille terre sacrée. Dans sa forte et simple jeunesse, avec Pergolèse, par exemple, ou depuis avec Rossini, avec Verdi, dans ces retours à sa gloire passée, le génie italien garde toujours un attrait qui n'est qu'à lui, la splendeur du ciel natal. Lisez *le Stabat* de Pergolèse, et aussitôt après, sans vous effrayer de l'espace à franchir, le *Stabat* de Rossini ; tous deux sont plus éloignés par les années que par le sentiment. On trouve, cela va de soi, chez Rossini le progrès moderne, l'emploi plus ingénieux ou plus puissant des ressources harmoniques et instrumentales. Pergolèse eût tremblé peut-être devant le foudroyant *Inflammatus* de Rossini ; mais c'est pourtant son *Inflammatus* à lui qui nous fait devancer l'ordre des temps et rapprocher ici les deux maîtres pour les louer ensemble. *Le Stabat* rossinien est peu religieux, moins douloureux encore ; il sonne comme une cantate héroïque ; mais cette série de cavatines, d'airs de bravoure, flamboie comme une traînée de poudre ; explosion de mélodie pure, orgie de couleurs d'un Rubens musicien. Rossini sacrifie la pensée à la musique ; il oublie de prier, de gémir, pour chanter seulement. Épris avant tout de la beauté musicale et vocale, d'une beauté presque plastique, un peu profane, il suit, l'oreille ravie, l'essor de cette voix humaine que l'Italie a tant aimée. Aux jours de notre jeunesse, chaque vendredi saint, à Saint-Eustache, la digne fille d'un illustre artiste italien[2] chantait la pathétique prière avec du soleil dans la voix et du soleil dans le cœur. On allait à la vieille église des Halles en pèlerinage d'avril, sous un ciel déjà attiédi. Dans les rues embaumaient les premières charrettes de fleurs, et, par le porche ouvert, des rayons et des parfums entraient, comme attirés par cette musique, leur sœur. Sous les voûtes claires passait un souffle printanier. Il semblait, lui aussi, venir de l'Italie, du pays où la religion est joyeuse, où les églises sont parées dans les grands jours comme des salles de fête, où les enchantemens de la nature parlent d'un Dieu très bon qui commande l'allégresse, où le génie le plus, pieux est toujours tenté de mettre en *tempo vivace le Miserere* lui-même. Et le *Stabat* nous rappelait ces croix des carrefours italiens dont parle Henri Heine, et qui sont couvertes de fleurs. Rossini les connaissait bien, les crucifix des routes natales, et dans sa musique aussi, il a voulu que la vie embrassât et dissimulât la mort.

Du *Stabat* de Pergolèse, l'*Inflammatus* seul a cette crânerie. Le reste est d'une piété beaucoup plus austère. L'introduction, avec ses dissonances, ses longues tenues de voix, est pleine d'onction et de mélancolie. Elle inspire pour les souffrances sacrées qu'elle chante une compassion profonde, mais respectueuse ; elle nous tient à quelque distance de la croix. Le verset désolé ; *Vidit suum dulcem natum*, le plus beau de tous, s'achève en un soupir d'agonie, et dans la prière finale *Quando corpus merietur*, le rayon des grandes espérances demeure voilé par la tristesse de la Passion. L'œuvre de Pergolèse a la beauté d'une *Pietà* de marbre ; sous la forme de moins en moins archaïque jaillit l'expression, l'éloquence moderne. Le temps des primitifs et des précurseurs est passé, Mozart peut venir.

> Dans Virgile parfois, Dieu tout près d'être un ange,
> Le vers porte à sa cime une lueur étrange.

Ce qu'il disait de Virgile, Hugo l'aurait pu dire de Mozart. Le premier des musiciens, Mozart eut de ces étranges lueurs, et je ne sais quelle divination des siècles futurs. *Le Requiem* est la dernière cime, et la plus haute peut-être, d'où ses yeux clairs et profonds ont vu dans l'avenir. Mozart, âme de joie plutôt que de tristesse, voulut, avant de mourir, compatir aux souffrances de la terre, et il écrivit comme un testament son admirable *Requiem*. Venez à lui désormais, vous qui souffrez, et ne cherchez plus ni Bach ni Haendel pour prier et gémir. Ces vieux maîtres ont la parole trop austère pour consoler, la main trop rude pour essuyer des larmes. Aux jours amers, l'asile n'est pas dans *la Passion* ou dans *le Messie*, mais dans *le Requiem*, dans ces beautés plus jeunes que les autres à peine de quelques années, et déjà si parfaites qu'elles sont encore et demeureront peut-être à jamais contemporaines de toutes les douleurs.

Requiem, le repos ! La dernière parole qu'aient prononcée les lèvres de Mozart, la dernière grâce qu'il ait demandée à Dieu, pour lui-même qui se sentait mourir, et pour tous ceux qui vivraient après lui ! Il avait compris, le doux génie, que toute violence passe, que toute passion lasse, et que l'idéale félicité du cœur et de l'esprit est dans le repos. Au bas de sa messe des morts, il eût pu mettre l'adieu de Jésus : « Je vous laisse ma paix. » N'est-il pas vrai que, des grands artistes, les plus grands ne sont pas ceux qui troublent, mais ceux qui apaisent et répandent autour d'eux le calme bienfait des beautés sereines ? Que l'homme se plaise une heure, un siècle, aux œuvres obscures et tourmentées, qu'il y cherche l'aliment de curiosités passagères, d'inquiétudes factices, il finira par revenir aux œuvres claires et calmes, unique remède des peines véritables et des éternels soucis. Mozart, Raphaël furent de ceux qui toujours pacifient, et l'on goûte une joie tranquille avec ces rares esprits qui ne connurent pas plus le laid qu'une âme d'enfant ne connaît le mal, avec ces jeunes hommes qui rendirent à Dieu leur génie immaculé tel qu'ils l'avaient reçu.

Comme toute œuvre de Mozart, et peut-être plus encore, *le Requiem* est fait de tendresse et de pureté. Toute raideur, toute froideur primitive a disparu de cette musique ; les dernières ombres se sont évanouies. La fugue traditionnelle, plus rare et plus avenante, fait presque aimer ses retours sérieux. Parfois la mélodie se développe encore avec une rigueur digne de Bach, mais le plus souvent avec une liberté nouvelle, avec un amour incessant de la beauté. Les lignes glissent autour de la phrase de Mozart comme aux flancs de marbre de la jeune Psyché. L'oreille est constamment caressée par des cadences exquises. Partout la grâce et le charme flottent sur des prières attendrissantes, sur des harmonies qui fondent le cœur. Mozart parlait aux hommes une langue si pure, qu'il a pu parler la même à Dieu. Nul effort ne lui fut nécessaire pour se hausser au style divin : *le Requiem* est aussi simple, aussi ingénument beau que *la Flûte enchantée*.

Il faudrait analyser les douze morceaux qui le composent : l'introduction, le *Tuba mirum*, étonnante série de mélodies qui naissent les unes des autres, l'entrée menaçante de la basse, l'éclat déchirant du ténor et l'intervention des voix de femmes se joignant à la plainte commencée. Des chœurs terribles se perdent dans un soupir, d'autres s'épanouissent avec une splendeur divine. Enfin, *le Confutatis* et *le Lacrymosa*, qui s'enchaînent, sont les deux sommets de l'œuvre. Le génie pathétique de Verdi, dans un *Requiem* qui pourrait bien être son chef-d'œuvre, et même le chef-d'œuvre de la musique religieuse contemporaine, n'est pas monté plus haut. L'*Agnus Dei* de Verdi n'est pas plus céleste que le *Voca me* de Mozart, tremblant sous le courroux de Dieu. Quant au *Lacrymosa*, jamais le génie humain n'a mis dans un chant, presque dans un mot, plus de douleur et d'épouvante. *Le Requiem* de Verdi, fortifié de toutes les audaces et des heureuses violences de l'art moderne, est plus dramatique ; celui de Mozart est plus musical. C'est que le maître de Salzbourg fut, au sens strict du mot, le plus grand de tous les musiciens ; ou mieux, comme le disait Gounod, il fut la musique elle-même.

IV

Dans le siècle où nous pénétrons maintenant, le nôtre, le premier des compositeurs religieux est peut-être Mendelssohn. Plus créateur que Cherubini, ce docte et fidèle gardien du génie classique, il a fait faire à la musique sacrée un pas plus décisif que Beethoven lui-même. Ici, par hasard, le maître des maîtres n'a pas droit aux premiers honneurs, et si les messes de Beethoven, la messe en *ré* surtout, offrent de sublimes beautés, son oratorio du *Christ au mont des Oliviers* ne supporterait pas le voisinage d'*Elie* et de *Paulus*.

Paulus, c'est l'oratorio porté à sa perfection, le dernier et le plus bel exemplaire de ce genre musical. Après lui, le courant artistique va se détourner : les *Requiem*, les *Messes* se feront rares ; les oratorios : *l'Enfance du Christ, Marie-Magdeleine,* plus mouvementés et plus descriptifs, cesseront d'être comme autrefois de longs récits pieux. Enfin, le théâtre, à son tour, aura des drames à demi sacrés, et l'on emportera de l'Opéra des impressions religieuses.

Paulus a pour sujet le martyre de saint Etienne, la conversion et l'apostolat de saint Paul. Comme *la Passion* ou *le Messie,* c'est un fragment de l'Ecriture mis en musique. Mais, sous l'ancienne forme, perce la jeune pensée ; le vin nouveau fermente dans les vieilles outres, — sans les briser toutefois, — et le contraste, ou mieux la conciliation de cet appel à l'avenir avec cet adieu au passé, l'heureux accord de cette espérance et de ce souvenir, caractérise comme toujours le génie de Mendelssohn, fait de passion et de sagesse.

Le Mendelssohn de *Paulus* a la force sans la raideur classique. Sa vaste partition baigne dans la lumière ; à chaque pas une clairière s'ouvre, et toujours une mélodie s'envole. Quelle souplesse prend le rythme sous cette main ! Avec quelle grâce il se courbe ! En quels détours charmans il ondule et se dérobe ! Depuis Bach et Haendel, l'âme humaine s'est rapprochée de Dieu ; elle le prie avec moins de gêne, avec plus de confiance ; avec un tendre abandon elle lui dit ses besoins, sa misère. Et qu'on ne soupçonne pas ici Mendelssohn de mièvrerie ou de mondanité. Notre pays, qui connaît le charme du maître, s'étonnerait, à l'audition de *Paulus,* d'en découvrir la puissance. Il verrait alors que Mendelssohn a été avec

Halévy, avec Meyerbeer, un des plus magnifiques interprètes de la pensée religieuse. Il se souviendrait peut-être que tous trois étaient israélites, et quand on lui dirait que les Juifs n'ont créé dans l'art « aucune figure originale, puissante ou touchante, aucune œuvre maîtresse[3], » il répondrait en nommant *Paulus, la Juive, les Huguenots* et *le Prophète*. Le fanatisme et la haine, les pamphlets de Wagner ou les autres n'empêcheront pas qu'en musique il y ait eu des Juifs de génie, à commencer par le roi David, qui savait chanter et danser. La foi hébraïque, la plus pure de l'antiquité, qui ne laissa qu'à la foi chrétienne, sa fille, l'empire des âmes privilégiées, cette foi semble même avoir donné aux œuvres de ses enfans un peu de sa force et de sa grandeur. Autant que la Pâque chez Éléazar, le cinquième acte des *Huguenots* ou le cantique de Jean de Leyde, la scène du supplice de saint Etienne dans *Paulus*, assurent la gloire des musiciens d'Israël.

Cette scène, belle entre toutes, est à la fois dramatique et lyrique ; le chant traditionnel du récitant n'en ralentit pas l'élan. « Le voilà, crient les Juifs, celui qui ne cesse de blasphémer Moïse et Dieu, » et les imprécations éclatent. Admirable chœur, où des accords, des harmonies nouvelles, une orchestration colorée, rajeunissent les formes d'autrefois, où des gammes d'instrumens à cordes dissimulent jusqu'aux angles jadis un peu durs des rythmes trop carrés. Etienne, le front radieux, répond d'abord aux injures par une tendre homélie. Il dit l'amour du Seigneur et l'ingratitude d'Israël, les miracles méconnus, les prophètes méprisés. Mais peu à peu sa voix s'indigne : haletant, haché de grands coups d'orchestre, le récitatif se change en foudroyante apostrophe. Le feu des saintes colères brûle les lèvres du confesseur comme un jour il brûlera celles du prophète anabaptiste. La foule furieuse rugit, quand soudain de ce concert de haine une voix de femme s'élève et pleure les crimes de Sion. « Jérusalem, gémit-elle, tu lapides ceux que Dieu t'envoie, » et rien ne peut rendre la douleur de cette cantilène, larme de pénitence tombée sur une terre criminelle et capable de la purifier tout entière. Voilà les accens qu'on ne connaissait pas, les mélodies que les ancêtres, même les plus grands, n'avaient jamais chantées. Mais les descendans les recueilleront, et un jour l'auteur de *Gallia*, sur les ruines, hélas ! d'une autre Jérusalem, retrouvera la même pitié pour de pareilles fautes et de pareils malheurs.

On le voit, nous n'en sommes plus à *la Passion* de Bach, et le supplice du disciple dépasse en émotion tragique le supplice du maure. Bach n'eût jamais trouvé ce chœur des fidèles priant sur le cadavre de leur frère, cette action de grâces après le martyre, cet adieu si suave à celui qui vient de descendre a dans les étranges beautés de la mort des justes. » Fromentin pourrait écouter Mendelssohn comme il regardait Rubens. L'oreille et le cœur ici goûtent les mêmes enchantemens. Toutes les nuances sont comprises et rendues, et, devant une telle page, on serait tenté de dire à l'art religieux : « Tu n'iras pas plus loin ! »

Mais l'art, quand il ne peut faire mieux, fait autrement. Les anciens écrivaient de la musique sacrée avec leur croyance ; les modernes l'écrivent davantage avec leur imagination. L'oratorio cesse d'être une prière pour devenir une série de scènes ou de tableaux. Ce n'est plus la foi dans son essence spirituelle, l'idée religieuse dans son abstraction que les maîtres cherchent à rendre, mais le dehors, l'accessoire des récits divins ; ce n'est plus la vérité du christianisme, c'en est la poésie.

Cette extériorité, le plus littéraire des musiciens, Berlioz, l'a délicieusement exprimée. Dans la deuxième partie de *l'Enfance du Christ, la Fuite en Égypte*, se montre pour la première fois le soin de la couleur locale, la recherche du décor. Avec l'introduction (*Réunion des pâtres devant l'étable*) et le chœur suivant (*Adieu des bergers à la Sainte-Famille*), nous sommes loin des pastorales de Haendel. Le compositeur a beau chercher l'archaïsme et l'obtenir parfois, le moindre détail, ne fût-ce qu'un mélancolique appel de hautbois, trahit la note personnelle et romantique. L'harmonie du ravissant petit chœur peut être ancienne, le sentiment en est tout moderne. Jamais un vieux maître de chapelle n'eût trouvé l'appel de cors anglais qui met un fond de paysage derrière *l'Adoration des bergers*.

La troisième scène, *le Repos de la Sainte-Famille*, est de tout point exquise : une ritournelle un peu traînante, un peu lasse, annonce l'approche des sacrés voyageurs. Portant la Vierge et son fils, l'humble monture chemine et semble régler son allure sur le balancement du rythme. Une voix pieuse chante alors : elle dit la fatigue des pèlerins et leur station au bord de la source. La Vierge, Joseph, se sont assis, et près de l'enfant qui dort ils s'endorment à leur tour. Le ciel est chaud, transparent, et, pieusement agenouillés, la tête sous l'ombre fraîche de leurs ailes, des anges descendus bercent Jésus d'un léger *Alléluia*. Berlioz n'a pas écrit de page plus touchante et plus descriptive ; monotone à dessein, et traversée seulement par quelques élans d'adoration, la mélodie a, comme dirait Chateaubriand, je ne sais quelle douce lenteur, je ne sais quelle longueur de grâces. Elle flotte au-dessus des tenues de flûte et des trilles aériens qui jettent dans l'orchestre des frissons de lumière ; et, dès que les anges sont venus, elle tombe doucement, comme tombe un soir d'Orient sur l'oasis hospitalière.

Les artistes des anciens jours peignaient de couleurs moins riantes l'exode miraculeux. Qu'on cherche dans la galerie de Dresde une Sainte-Famille de Ferdinand Bol. C'est, dans un coin sordide, une halte de misérables ; un jour blafard salit leurs visages hâves et leurs loques honteuses. A son hideux nourrisson la mère tend une mamelle flétrie, et, déchargé de son bagage, le baudet cherche des chardons. Ah ! ni la nuit tiède, ni la solitude amie ne versent leurs consolations sur le front des pâles voyageurs. Quelles crises d'âme traverse donc l'humanité pour imaginer de pareilles œuvres, pour avoir de ces visions désolées, et refuser un rayon, un sourire, au sommeil d'une femme et d'un petit enfant ! Heureusement nous sommes fils d'un siècle moins dur, et dans un tableau justement populaire de M. Luc-Olivier Merson, la peinture, après la musique, a su rendre à ce touchant sujet un hommage de tendresse et de poésie.

Ce n'est pas dans le *Requiem* un peu bruyant, un peu prétentieux de Berlioz, mais dans son *Faust*, qu'on trouve une autre scène sacrée plus émouvante encore : la scène de Pâques. Là, plus de description, mais l'action même, et quelle action ! Une nuit de plus Faust a veillé, réfléchi et désespéré ; aussi, le matin qui va luire sera-t-il son dernier matin. Dès le lever du jour, il saisit une coupe, la coupe de ses jeunes ivresses, qu'il a choisie pour sa coupe de mort ; le poison touche déjà sa lèvre, quand un sourd bourdonnement étonne son oreille. Loin de son réduit obscur, là-bas, par les rues qui s'éveillent, des femmes, des enfans se hâtent vers l'église. Dans l'air matinal tintent les cloches, les joyeuses cloches de Pâques, et les hommes sur terre et les anges au ciel chantent le grand mystère chrétien. Après un court murmure de contrefasses, avec une instantanéité saisissante, les voix se font entendre, et la bonne nouvelle : Christ est ressuscité ! la nouvelle de joie et de vie éclate sur la tête de celui qui veut mourir. Faust écoute, d'abord interdit, ces harmonies augustes ; mais quand la mélodie revient, plus prochaine et plus pressante, elle le saisit au passage et l'entraîne avec elle. Alors aux voix célestes se mêle une voix humaine. C'est Faust qui souffre et gémit ; mais qu'importe, il a cessé de blasphémer et de haïr. Sa douleur est douce maintenant, et presque sainte. Les visions d'autrefois assaillent son souvenir ; il remonte plus loin encore que le temps où la coupe ciselée faisait le tour des joyeux festins, il rappelle sa foi d'enfant et les cantiques oubliés de cet âge, où, comme dit Goethe, le baiser de l'amour divin descendait sur son front pendant le silence solennel du dimanche. Il pleure, vaincu dans son œuvre de mort par l'hymne de l'éternelle vie, et son âme, aux dernières volées des cloches, se brise et se fond en sanglots.

Voilà une sublime page, non plus d'église, mais presque de théâtre. Voyez, depuis les vieux oratorios, comme l'esprit de l'art s'est transformé, comme il s'est échauffé. L'on chante autre chose ici que la gloire lointaine de Dieu ; son action se fait sentir, immédiate et souveraine. La pensée religieuse ne se traduit plus en prières contemplatives, mais en émotions. Elle était jadis un thème pieux à de nobles cantiques ; elle est maintenant un des ressorts de l'âme, elle compte parmi les passions de l'humanité.

Ainsi l'ont comprise et traitée, avant ou depuis Berlioz, les maîtres de la scène française : Halévy et surtout Meyerbeer. Les grandes beautés de *la Juive* sont religieuses. La Pâque notamment est une évocation du judaïsme, l'expression étonnamment fidèle, en langage musical, de ce monothéisme rigide. Le chœur du repas, la bénédiction d'Éléazar, tout cela n'est pas chrétien. Les accens de la foi nouvelle sont moins craintifs et plus tendres : on ne parle plus à Jésus comme à Jéhovah !

Meyerbeer a cependant traité même des sujets chrétiens avec cette austérité, cette grandeur un peu farouche, signes de sa croyance et de sa race. Bien des pages maîtresses de Meyerbeer sont religieuses : le dénoûment de *Robert le Diable*, celui des *Hugenots*, le troisième acte du *Prophète*, autant de sommets que domine la croix. Le Faust même de Berlioz, écoutant les cloches de Pâques, est moins pathétique que Robert, au seuil de la cathédrale de Palerme. Le théâtre, la vision réelle des personnages ajoute peut-être à l'effet ; mais surtout le génie plus puissant fait l'impression plus forte. On ne saurait trop parler du trio final, mais on ne parle pas assez des scènes précédentes : du chœur des moines et surtout du dialogue entre Robert et Bertram, entre ces deux âmes que jette en des angoisses si cruelles et si différentes le cantique pieux. Sur Robert, l'action divine est plus puissante encore que sur Faust. C'est Dieu lui-même, comme chante le pauvre irrésolu, Dieu lui-même et Dieu seul, aussi sensible, aussi puissant dans ces appels sublimes que dans le buisson de l'Horeb ou sur la route de Damas. Le voile du sanctuaire le dérobe seul ici ; sa voix retentit, toujours plus prochaine, toujours plus impérieuse, et quand Robert s'est débattu longtemps sous l'étreinte divine, son cri suprême, éperdu, qu'il faut lancer avec une sorte d'épouvante, ce cri suivi d'un autre cri de Bertram écrasé, annonce comme un éclat de tonnerre la victoire du ciel.

Des chefs-d'œuvre de Meyerbeer, Dieu n'est jamais absent. Le Prophète est le serviteur du Dieu des armées. C'est pour Dieu que le guerrier biblique tire son glaive, à lui qu'il chante un hymne plus héroïque cent fois que l'hymne de Judas Macchabée.

Parlerons-nous enfin du cinquième acte des *Huguenots*, qui va, d'une prière au fond d'un temple encore épargné, jusqu'à l'exaltation de la mort pour la foi. Dieu encore ! Dieu toujours I A la voix des enfans, des femmes, à la voix de Marcel jetant sur leur psalmodie ses héroïques appels, toute passion humaine se transfigure et se divinise. Quand les égorgeurs ont forcé l'église, quand deux reprises de mousqueterie ont répondu aux deux reprises du psaume, enfin quand « ils ne chantent plus, » le vieux serviteur et ses maîtres se relèvent et chantent à leur tour. On sait l'ascension de ce trio prodigieux. Trois fois sur l'aile des harpes monte le vieux choral huguenot, et chaque fois d'une envolée plus haute. Haché de cris, de blasphèmes, il reparait par lambeaux, et les trois mourans trouvent pour le ressaisir des élans inouïs.

Bach eût-il jamais pensé que l'art religieux connaîtrait un jour de pareilles ardeurs, de pareilles extases, et que la musique sacrée irait à ces saintes folies !

V

Les vieux maîtres s'étonneraient davantage encore et s'effaroucheraient peut-être un peu d'un oratorio tout à fait contemporain : *Marie-Magdeleine*. L'œuvre de M. Massenet, nous dirions volontiers son chef-d'œuvre, diffère plus qu'aucun autre, plus que *le Déluge* de M. Saint-Saëns, plus que *Rédemption* ou *Mors et Vita* de Gounod, des modèles classiques. Elle est originale, moderne entre toutes et par là mérite de nous arrêter. Tout en elle décèle l'esprit nouveau. La forme n'est plus d'un oratorio, mais d'un drame sacré, et si le public français avait au même degré que le public allemand l'amour des choses de l'art et le respect des choses de Dieu, la représentation de *Marie-Magdeleine* serait possible comme celle de la *Passion* à Oberammergau, celle de *Parsifal* à Bayreuth. Le dernier ouvrage de Wagner est moins un opéra qu'un mystère : il met au théâtre des scènes presque évangéliques, des personnages presque divins, et là-bas des tableaux tels qu'un repas commémoratif de la Cène ou l'onction de Jésus par Madeleine édifient, au lieu de la scandaliser, la foule sérieuse et recueillie.

Le choix seul du sujet de *Marie-Magdeleine* est significatif. Autrefois, on chantait les héros et les guerriers, Samson ou Macchabée, les dogmes ou les hauts faits d'Israël ; ce qui nous attire aujourd'hui, c'est une figure de femme ; c'est la rencontre et le commerce affectueux d'une pécheresse et de Jésus. Même chez les plus fidèles, la foi s'est transformée ; elle croit, plus que jadis, par les raisons du cœur. Et quant à ceux qui ne croient plus, on l'a finement remarqué, la religion de Jésus continue pourtant de leur inspirer une tendresse incurable : « Nous sentons dans l'Évangile, « dit M. Lemaître[4], je ne sais quel trouble profond, mystique et vaguement sensuel. Nous l'aimons pour l'histoire de la Samaritaine, de Marie de Magdala et de la femme adultère. Nous nous imaginons presque que c'est le premier livre où il y ait eu de la bonté, de la pitié… »

Ces nuances de la pensée moderne, M. Massenet les a merveilleusement exprimées. Plus que tout autre, il était fait pour sentir le charme et le danger aussi de l'épisode évangélique, sujet délicat, dont une note trop vive, trop passionnée, profanerait les chastes douceurs ; fleur d'amour, que trop d'amour pourrait flétrir. Le jeune maître s'est gardé de tous les périls et de lui-même ; il a su fermer l'oreille aux voix trop caressantes, aux chants des sirènes qui ne se taisent jamais dans son âme harmonieuse. Avec un tact parfait, une convenance irréprochable, il a dégagé du cœur de Madeleine le sentiment innomé, presque ineffable, qui l'emplissait ; piété féminine, attendrie, avivée par la vue même de Dieu, de ce Dieu qui voulut être sur terre le plus beau des enfans des hommes.

Il faudrait le style de M. Renan pour louer l'œuvre de M. Massenet. Il n'y a même pas dans la *Vie de Jésus* un paysage aussi ravissant que les premières pages de *Marie-Magdeleine* : un soir, aux portes de Magdala. Les femmes, descendent à la fontaine ; jeunes gens, prêtres et soldats, vont et viennent sur le chemin. Les chameliers passent dans le lointain et les ombres s'allongent sur le sable. « *C'est l'heure du repas, l'heure délicieuse !* » Une molle langueur flotte sur cette scène. Sauf un appel étrange qui se détache avec mélancolie, l'ensemble est noyé dans une tranquille mélopée, comme les horizons d'Orient dans les clartés crépusculaires. On dirait qu'une poussière d'or tamise dans l'air la lumière et les sons ; les voix sont étouffées, et les bruits de la campagne se perdent en résonances discrètes. À cette heure mystérieuse, on s'entretient de Jésus, du beau Nazaréen ; mais ce n'est pas lui qui s'avance, c'est son amie, c'est Madeleine. Elle vient, la belle repentante, et la ritournelle qui l'annonce, le récit timide dont chaque note hésite, tout cela trahit bien l'humble pénitence d'une femme. Ces quelques lignes sont très expressives ; elles disent avec une délicate pitié la honte et la lassitude d'une pauvre âme blessée. Mais de sa misère Madeleine ne saurait plus séparer l'image du Maître qui l'a consolée. Écoutez-la parler de lui ! Les mots tremblent sur ses lèvres. Pour elle seule, dans le secret de sa mémoire, elle évoque l'apparition adorée. Deux fois elle appelle Jésus à son secours, au secours de sa détresse et de son repentir, et deux fois une flamme d'amour s'allume au sommet de son cantique. M. Massenet a trouvé là un beau cri de passion.. Il le fallait. A tous, même aux écrivains sacrés, au P. Lacordaire, cette femme a arraché de tels accens. Nul n'a su prêter de froides paroles à celle qui ne fut pardonnée que pour avoir beaucoup aimé.

Au second acte, Jésus a promis de venir chez Madeleine, et les deux sœurs pour le recevoir ornent leur logis. Le goût moderne voulait ici de la couleur ; M. Massenet en a mis avec discrétion : quelques filets d'or, et voilà tout. Point de palais à la Véronèse ; une simple maison d'Orient : des fleurs et des parfums sous un plafond de cèdre. Le clair petit entr'acte, le chœur des servantes, traversé par la phrase exquise de Marthe, décrivent sobrement l'hospitalité respectueuse, un peu craintive, qu'on prépare à Jésus. « Marthe, chante Madeleine, voici que le soleil descend derrière la blonde colline, » et l'étrange cadence de la phrase exprime avec une langueur adorable l'évanouissement du jour. Jésus paraît sans bruit et reçoit en silence l'hommage des deux femmes agenouillées. Tout bien examiné, peut-être la représentation gâterait-elle d'aussi délicates beautés. Elles se perdraient sur une grande scène, ces deux voix qui suivent en contre-point leur suave mélodie. Elles chantent d'abord sans accompagnement, dans le silence du soir ; puis un violoncelle seul ajoute encore à leur tendresse, et Jésus, debout sur le seuil, répond à leur double bienvenue par une bénédiction.

Marthe se relève, laissant à sa sœur la meilleure part. Alors s'engage entre Jésus et Madeleine un entretien mystique et tendre, plus affectueux qu'une homélie, mais plus chaste qu'un duo profane. A la fin de chaque reprise seulement, l'alliance étroite des voix, leur entrelacement accentue avec quelque passion la pieuse causerie. Heureux les artistes qui savent ainsi les nuances du cœur ! Le temps à lui seul est un grand artiste sous ce rapport : il marque les nuances entre les œuvres des époques diverses. Rappelons-nous comment priaient les prophètes de Haendel, avec quel éclat, quelle violence même ! Tout autre est ici l'oraison de Jésus et de ses disciples ; ce n'est plus *le Credo*, mais *le Pater* : après la prière de foi, la prière d'amour. L'amour encore exalte la douleur de Madeleine affaissée au pied de la croix, l'amour lui arrache des cris superbes ; l'amour enfin l'amène éplorée à la porte du sépulcre où l'on a couché son ami divin. Voici la scène admirable que je voudrais voir au théâtre, le tableau religieux auquel siérait le cadre de Bayreuth. Dans l'œuvre entier de M. Massenet, cette page n'a pas de rivale. Rarement la musique a courbé la tête d'une femme sous le poids d'un pareil chagrin. Quel deuil elle traîne avec elle, l'infortunée ! Tout le long de l'introduction, quels gémissemens et quels sanglots ! Le récitatif entrecoupé, écrit en notes moyennes ou basses, a l'âpreté des douleurs farouches, presque la fixité des yeux qui ne peuvent même plus pleurer. Sur un sourd grondement de timbales, deux flûtes mélancoliques soupirent, et, soudainement attendrie, l'âme de Madeleine se fond ; de ses lèvres tombent des strophes désolées. A chacun des versets funéraires, les saintes femmes répondent par une longue clameur. Enfin, quand pour la troisième fois l'angoisse monte au cœur et l'étreint, quand l'orchestre se précipite et s'égare, quand un cri déchirant brise la voix de Madeleine, alors ses compagnes reprennent sa plainte inachevée, et longtemps encore on entend ruisseler avec les larmes le lamento des pleureuses sacrées.

Elles s'éloignent, et Madeleine demeure. Inquiète du silence qui s'est fait, elle frissonne ; un souffle passe sur ses cheveux, elle regarde et voit Jésus. Jésus lui dit : « Marie ! » Marie, s'étant retournée, lui dit : « Maître[5] ! » La musique a rendu presque par le silence l'instantanéité de cette apparition et la simplicité de cette reconnaissance. Le Christ de M. Massenet est bien celui de l'Évangile, celui des vieux peintres florentins : un beau jeune homme vêtu de blanc, disant, un doigt sur les lèvres, à Madeleine : *Noli me tangere* ! Il reprend avec douceur la phrase du duo ; mais Madeleine, éperdue, lance sur ces mots : *Christ est vivant, ressuscité* ! une gamme triomphale, un cri sublime de passion et d'amour, auquel répondent les saintes femmes, les disciples et les anges au plus haut des cieux.

Voilà ce que de nos jours la musique d'oratorio a produit de plus parfait. L'analyse de l'ouvrage montre assez quelle distance le sépare des ouvrages classiques. L'art de Bach et de Haendel était-il plus près de Dieu que le nôtre ? Je ne le pense pas. D'ailleurs, que nous importe ? Jouissons des aspects divers et des beautés successives que l'esprit humain découvre dans l'idée divine. La *Marie-Magdeleine* de M. Massenet n'est peut-être pas une œuvre de foi ; mais elle est, et cela suffit, une œuvre de poésie, de respect et d'amour.

Le *Parsifal* de Wagner est le produit d'un art encore plus moderne, et surtout plus étrange, spécial à un peuple, presque personnel à un homme. L'œuvre, comme son auteur, mérite une place à part. Que dis-je, une place ? Il en faudrait plus d'une, la première parfois, la dernière souvent, au maître inégal entre tous, à cet esprit de lumière et de ténèbres, où parurent peut-être les contrastes les plus violens, les plus étonnantes vicissitudes du génie de l'homme, et de sa démence. Wagner eut toute sa vie, en véritable Allemand, en romantique défroqué, dirait Henri

Heine, le goût du surnaturel. De tous ses ouvrages, *Rienzi* et *les Maîtres chanteurs* seuls n'empruntent rien au merveilleux. Mais le surnaturel, chez Wagner, prend des caractères variés : poétique dans *Tannhäuser*, émouvant dans *le Vaisseau-Fantôme*, et surtout dans *Lohengrin*, où il s'humanise ; grandiose dans *la Valkyrie* ; puéril et stupide dans *Rheingold* et dans *Siegfried*, il touche au sublime dans *Parsifal*.

Lohengrin, en son magnifique récitatif d'adieu, nous a parlé jadis de Parsifal, son père. Voici le sujet du drame, qui, selon la logique d'un bon *cyclus* allemand, serait la préface de *Lohengrin*. Au cœur des Pyrénées espagnoles, dans un monastère presque inaccessible et appelé Montsalvat, il existe un ordre de chevaliers pieux. Ils gardent une inestimable relique, quelques gouttes du sang de Jésus-Christ, recueillies dans un calice de cristal, le Saint-Graal. A des jours et selon des rites prescrits, tous ces hommes se réunissent pour célébrer d'étranges mystères. Leur chef ou leur prêtre se fait apporter le Graal et le découvre. Alors le sang divin s'échauffe et s'illumine, une joie mystique, une volupté sainte descend sur les chevaliers. Tous prient, adorent ensemble, et répétant les paroles mêmes de Jésus, ils communient en souvenir de la Cène.

Au début de *Parsifal*, la colère de Dieu pèse sur le Montsalvat. Le roi Amfortas, violant ses vœux, a cédé aux séductions d'une magicienne, Kundry. L'enchanteur Klingsor, complice de cette femme, a su dérober la lance qui fit jaillir le sang de Jésus et que l'on conservait auprès du Graal, et de cette lance il a blessé le roi. Ni les herbes de la forêt, ni les eaux du lac ne rafraîchissent la plaie d'Amfortas, et, pour comble de misère, quand revient le jour des cérémonies saintes, le roi n'y peut désormais présider sans que redouble sa torture. La seule vue du sang divin exaspère sa souffrance et son remords. Si doux jadis, aujourd'hui cruel, son ministère l'importune et l'épouvante. Il voudrait se soustraire au terrible sacerdoce et suspendre les rites sacrés, dussent tous les chevaliers, sans force et sans vertu, sentir chanceler leur foi et s'attrister leur âme.

Le salut d'Amfortas ne lui viendra que d'un singulier sauveur, de « l'homme ignorant et pur, instruit par la compassion : *Durch Mitleid wissend, der reine Thor.* » Ne nous étonnons pas encore, et poursuivons. — Parsifal sera cet homme. Il a pénétré dans les bois qui entourent le Montsalvat et tué par mégarde un des cygnes sacrés. On le saisit, on l'interroge, et son air interdit, son ignorance du monde et de lui-même, sa naïveté, presque sa niaiserie, trahissent le rédempteur attendu. Un vieux chevalier, Gurnemanz, le conduit au monastère, et, caché dans le temple, il assiste à ces mystères de religion et de souffrance qui doivent l'instruire et l'illuminer. Hélas ! il n'y comprend absolument rien, et son guide, dépité, le met à la porte.

Au second acte, Klingsor, pour empêcher le salut d'Amfortas, ordonne à Kundry de séduire le jeune homme et de corrompre en lui l'innocence qui fait sa force. Mais cette fois la femme est impuissante. Le souvenir d'Amfortas, de la souffrance contemplée, défend Parsifal des voluptés offertes ; en son cœur que remplit la pitié, l'amour ne saurait trouver place. En vain Klingsor accourt et brandit la lance sainte : le héros la saisit au vol et s'éloigne victorieux.

Égaré dans la montagne, il a perdu le chemin du monastère. Il a erré longtemps et vieilli de quelques années lorsqu'il retrouve enfin Gurnemanz et Kundry elle-même, mais tout autre qu'autrefois. Le personnage de Kundry est parfaitement incompréhensible, et les raisonneurs allemands ne l'expliqueront jamais. Cette femme est un démon et un ange. Une loi mystérieuse la contraint au péché jusqu'au jour où l'homme qu'elle n'aura pu séduire la rachètera par le mérite de ses chastes refus ! Belle tout à l'heure et parée comme une courtisane, la voici pénitente. Lorsque Parsifal revient, épuisé de lassitude, lorsqu'il s'assied au seuil de Gurnemanz, sous les arbres de la forêt, Kundry s'approche en silence. Elle détache l'armure et les sandales du chevalier vierge. Elle lave et parfume ses pieds meurtris, elle les essuie de cette chevelure qui se dénouait jadis pour de moins pures caresses. Elle humilie et sanctifie cette chair tant de fois coupable, au contact presque divin de celui qui la méprisée et sauvée.

De Kundry comme d'Amfortas Parsifal a pitié. A son tour, il verse l'eau sur le front de la pécheresse ; il la bénit et la relève. Puis, il marche vers le Montsalvat. C'est le vendredi-saint, et les chevaliers adjurent Amfortas épuisé, mourant, de découvrir encore le Graal. Il s'y refuse, et déjà ses compagnons le menacent, quand Parsifal paraît. De la lance reconquise il n'a qu'à toucher la blessure du roi pour la guérir. Proclamé lui-même à la place d'Amfortas, il monte à l'autel et de ses mains pures élève le calice. L'œuvre de miséricorde est accomplie, et sur la foule agenouillée redescendent avec les délices mystiques les grâces et les bénédictions.

Tel est ce drame, ou plutôt ce mystère. L'œuvre suprême de Wagner est religieuse par l'esprit et par la lettre. Son titre allemand[6], le nom du théâtre de Bayreuth[7], le seul où elle soit exécutée et peut-être exécutable, impliquent une idée religieuse. Le théâtre Wagner est une église, et quand, sur le balcon, avant la représentation, les trompettes sonnent, il semble que les lévites d'un art nouveau appellent les fidèles à la prière ; on attend presque des cloches. *Parsifal* s'entend comme l'office ; les femmes pleurent comme au sermon, et des hommes même après le spectacle ont affirmé qu'ils se sentaient meilleurs et pardonnaient à leurs ennemis ! Il y a là, et en tout ce qui touche Wagner, le plus charlatan des grands artistes, selon la définition complète de M. Cherbuliez, beaucoup d'affectation et un grain de folie. A Bayreuth seulement on joue *Parsifal* ; un jour peut-être on n'y jouera plus autre chose ; il s'y vendra des médailles et s'y fera des miracles.

Autant que religieux, *Parsifal* est philosophique, et l'exégèse wagnérienne peut à propos de lui se donner carrière. Cependant, sans faire de métaphysique allemande, il faut admirer, avant la grandeur musicale, ou avec elle, car les deux se confondent, la grandeur morale de l'œuvre. Deux vertus, deux ailes de l'âme, la soutiennent : la pureté et la pitié. Par la pitié surtout, *Parsifal* nous touche, par la pitié « la plus jeune des vertus, plante délicate qui ne fleurit qu'au soleil d'une civilisation avancée[8]. » Enfans d'un siècle douloureux, après avoir trop longtemps pleuré sur nous-mêmes, nous commençons à pleurer sur les autres, et des larmes moins stériles. Dans ces dernières années, un grand courant de sympathie et de charité a traversé les âmes. Il est venu du Nord : d'Angleterre, et surtout de Russie. Des hommes comme Tolstoï ou Dostoïewsky ont exalté, glorifié la souffrance. Ils l'ont proclamée belle et sainte par elle-même ; ils en ont fondé la religion dont ils se sont faits les prêtres, ils ont plié leurs genoux, et les nôtres, devant l'infortune de l'humanité. La suprématie du simple et du souffrant, dogme fondamental de la littérature russe contemporaine, ne se retrouve-t-elle pas dans *Parsifal*, cette histoire d'un malheureux sauvé par un innocent ? Aussi bien, pour rencontrer de semblables doctrines, Wagner n'avait pas besoin de passer la frontière. Déjà son compatriote Schopenhauer, que tout le monde cite et que personne ne lit, avait fait de la pitié la base du monde moral ; il en fit, lui, la base du monde esthétique. On aperçoit d'ici le champ ouvert par un tel rapprochement à la psychologie dans l'art, telle que l'entendent ou croient l'entendre nos voisins. Pour eux, quel horizon à charger de nuages ! Ils n'y ont pas manqué. Qu'il nous suffise, à nous, sans forcer aucune analogie, de signaler la très réelle importance de la compassion chez les personnages de

Wagner : chez Senta, du *Vaisseau-Fantôme*, chez Lohengrin, chez Sieglinde et Brunehild, de la *Valkyrie*, enfin chez Parsifal, le dernier et le plus compatissant des héros wagnériens.

Voilà bien de la philosophie ! Mais notre époque en demande même aux arts, et Wagner a toujours prétendu faire œuvre de philosophe autant que de musicien. Il y a parfois réussi, et les scènes religieuses de *Parsifal* sont d'un grand penseur et d'un grand artiste ; celles-là seulement, car les autres sont insupportables. Ainsi le second acte entier, à l'exception de la valse lente des jeunes filles-fleurs, est un abîme d'ennui. Mais le second et le dernier tableau sont d'étonnantes merveilles.

Après une première scène, remplie de ces récits fatigans, de ces entretiens interminables, que Wagner a vraiment inventés, des beautés se découvrent, qu'il a inventées aussi. Le décor change lentement : forêts, rochers passent, disparaissent, et le jour blanchit le faite d'une haute salle, sorte d'église byzantine éclairée par une coupole immense. Aux sons d'une marche religieuse, aux tintemens graves, presque douloureux de cloches lointaines, deux portes s'ouvrent et laissent passer en double cortège les chevaliers du Graal vêtus de robes bleues et de manteaux écarlates. De jeunes néophytes, des enfans consacrés les suivent, avec les corbeilles et les amphores saintes. Un bel adolescent tient le précieux calice, et, le dernier de tous, lentement porté sur une litière, pâle et mourant, Amfortas parait. Les chants pieux se font entendre : voici pour le malheureux roi l'heure de prier et de souffrir. Vainement il demande grâce ; en un *Miserere* poignant, il implore de Dieu la fin de son supplice. Les temps ne sont pas encore accomplis, et les voix éloignées ne répondent à ses cris d'angoisse que par la vague promesse du sauveur mystérieux, « Attends, murmurent-elles, attends l'homme ignorant et pur, instruit par la pitié ; mais en l'attendant fais ton devoir ; » et l'infortuné, se soulevant avec peine, ôte le voile du Graal. L'obscurité se fait profonde, les timbales roulent sourdement et l'orchestre frémit tout bas de respect et de terreur. Tous les chevaliers sont prosternés et se taisent. Alors, du sommet de la coupole descendent de divines psalmodies ; des enfans chantent là-haut, comme si leurs voix seules étaient assez pures pour de semblables prières. Deux fois elles disent une longue phrase traînante, qui se répercute en échos infinis. Rien de plus beau que ces cantiques au-dessus de cette immobilité, de ce silence. Et quels cantiques ! « Prenez et mangez, ceci est mon corps ! Prenez et buvez, ceci est mon sang ! Faites ainsi en souvenir de moi. » Les mélodies sont d'une envergure extraordinaire, elles déploient des ailes immenses. Après chaque verset, les voix se taisent, et sous des accords flottans comme les ombres du soir, l'orchestre répond, tendre, plaintif, un peu étouffé par les ténèbres qui l'enveloppent. Ah ! le souffle de Dieu passe parfois sur la face de l'homme ! Jamais la musique religieuse n'avait connu d'aussi longues, d'aussi enivrantes extases. Le sang lumineux éclaire seul le théâtre, et des voûtes profondes, sur ces hommes qui prient, sur cet homme qui souffre, tombent sans cesse de nouveaux concerts. La coupole n'est plus qu'une sphère harmonieuse, vibrant tout entière comme un orgue gigantesque. La terre, qui s'est tue pour écouter le ciel, va parler à son tour. Les chevaliers se relèvent tous d'un même élan et entonnent à l'unisson un choral magnifique. Le voilà, le sang de la nouvelle alliance, le ferment mystérieux d'une foi plus ardente et d'un amour plus passionné ! Lorsque Bach a chanté dans sa *Passion* la Cène véritable, il a senti moins d'émotion en la présence même de Jésus que Wagner à son seul souvenir.

Maintenant les chevaliers se retirent en silence, et sur eux planent toujours les paroles de paix et de consolation : « Heureux celui qui croit ! Heureux celui qui aime ! » Toute la tendresse, toute la pitié du christianisme est dans ces admirables pages. La voix même de Jésus ne fut pas plus douce aux échos de Galilée que la voix de ces petits enfans ; elle promettait ainsi aux esprits simples, aux cœurs purs les ineffables béatitudes. Wagner, au moment de mourir, a contemplé dans toute leur splendeur les clartés auxquelles il fermait trop souvent les yeux. Quand il déroule à travers cette longue scène le cortège magnifique de ses pensées, quand il élève par assises régulières, symétriques, ce temple grandiose, il reconnaît, après les avoir tant de fois violées, les immuables lois du beau. Il dit à Dieu : « Je veux vous imiter, Seigneur, qui avez tout placé dans la mesure et le nombre (*Omnia in mensura et numéro disposuisti*)[9]. »

Une autre scène religieuse est plus étrange encore et beaucoup moins belle que celle-là : c'est la scène de l'onction de Parsifal et du baptême de Kundry. Le mystère ici fait place au tableau de sainteté avec accompagnement symphonique. Tableau de maître, je veux bien, mais surtout de maître décorateur, et qui doit beaucoup plus à la mise en scène et au talent des interprètes qu'à la musique même. Certes, l'orchestre de Wagner est toujours intéressant ; il ramène avec une merveilleuse variété de rythmes et de timbres les idées mères de l'ouvrage ; mais on se lasse de ces retours incessans et de la pantomime, si éloquente qu'elle soit. Durant tout le troisième acte, Kundry n'a pas une note à chanter ; elle fait des gestes et prend des poses, voilà tout. L'idéalisme allemand s'accommode et s'émeut de tels spectacles. Il se laisse aller au courant de sentimentalité religieuse qui traverse cet épisode évangélique ; devant la reproduction ou la contrefaçon d'un groupe divin, il s'égare en imaginations vagues, en rêveries attendrissantes de régénération et d'amour. Des conditions spéciales, l'obscurité du théâtre, l'harmonieux et continuel murmure de l'orchestre invisible, le recueillement de l'auditoire, tout prédispose l'âme, et surtout les nerfs, à l'effet de cet art ou de cet artifice. Blasphème, disent les initiés ; c'est un Titien que cette scène. D'accord, mais l'éloge est-il bien à sa gloire ? Sous prétexte de les réunir, ne brouillons pas les arts. Ni pour la musique, ni pour la peinture, il n'est à souhaiter qu'un théâtre lyrique devienne un diorama.

Heureusement le dernier tableau nous rend, peut-être encore plus belles, les beautés du second : même décor et même situation. Amfortas refuse à ses chevaliers la célébration de l'office ; il veut, il va mourir, lorsque Parsifal, la sainte lance au poing, un manteau de pourpre jeté sur sa robe blanche, entre rayonnant comme un Christ vainqueur. L'éclat de cette entrée est indescriptible. On dirait que Wagner s'est rappelé son Lohengrin, le chevalier aux yeux clairs, à l'armure d'or, le fils de ses jeunes années, de ses années bénies ; ou plutôt, en écrivant de telles pages, les dernières de toutes, il était peut-être assez près de mourir pour apercevoir déjà les rayons éternels dont cette sublime apothéose est illuminée. Parsifal a guéri le roi, et à son tour il balance au-dessus de la foule le calice resplendissant. Les divines mélodies flottent de nouveau dans l'air, tous les thèmes sacrés reparaissent. Du pavé du temple aux mosaïques de la coupole, les enfans et les jeunes hommes célèbrent le grand miracle enfin accompli. L'orchestre entier s'épanche dans une adorable effusion de miséricorde et d'amour. Les harpes pétillent, leurs accords ruissellent. Tout prie, tout aime, « une immense bonté tombe du firmament. » D'un suprême coup d'aile, les grandes phrases pieuses s'enlèvent jusqu'au ciel. Une dernière fois, l'ensemble colossal apparaît radieux et pur, sans une ombre, sans une tache. Peu à peu, les litanies enchanteresses s'apaisent et s'éteignent, le silence se fait et le rideau se referme. Wagner alors a bien fait de mourir. Après avoir entendu de telles voix, il ne pouvait plus entendre que la voix même de Dieu.

CAMILLE BELLAIGUE.

1. ↑ E. Fromentin, *les Maîtres d'autrefois.*
2. ↑ Mme la baronne de Caters, née Lablache.
3. ↑ *La France juive,* par M. Edouard Drumont.
4. ↑ *Les Contemporains,* 2e série, étude sur M. A. France.
5. ↑ Saint Jean, chap. XX.
6. ↑ *Bühnenweihfestspiel.*
7. ↑ *Bühnenweihfeitspielhaus* !
8. ↑ M. G. Valbert.
9. ↑ *Sagesse.*